漢字は生きている

クイズ120問

笹原宏之
国語学者・早稲田大学教授

東京新聞

はじめに

このたび、東京新聞・中日新聞サンデー版で十年以上連載してきた漢字クイズのスペシャル問題の中から、とりわけ人気があった百二十問を選び出し、解説のことばを増補して一冊にまとめることとなりました。

漢字には、成り立ちについて刺激的な話や感動させる話がたくさん聞かれます。「人という字は二人の人が支え合ってできている」。良いお話ですが、歴史を遡(さかのぼ)ると、本文に書いたように常識を覆す意外な事実に突き当たります。

漢字に関するちょっと面白い話がテレビやネットで飛び交っていると、つい信じてしまう人が多いようです。しかし、漢字研究者として検証してみると、時代が古すぎることについては実は解明されていないことが多く、そうした話には根拠がはっきりしないものがたくさん見つかります。

画数や筆跡による占いも、そういう漢字に抱いている奥深い、言い換えればよく分からないイメージに基づくものが多いのです。「漢字はしっかり学ばなければいけない」と言うと、「止めはね」といった字形の細部や「正しい筆順」を思い浮かべる人も多いものです。しかし、実は文部科学省の決まりを見ても、永い歴史を振り返っても、かっちりとした決まりなど存在していません。先生といえども、むやみにバツをつけられないのです。

私は、内閣告示・訓令である「常用漢字表」の改定に携わったのですが、この表も、実は「標準」を示すものではなく、現代の一般的な漢字の「目安」を示すにすぎないのです。だから、名字でも常用漢字の「崎」ではなく昔ながらの「﨑」や「嵜」を使う人のほうが多いのです。

この本では、そうした根拠に基づきながら、本当とは言えない漢字の話について、しっかりと説明します。そして私たちが実際に使っている漢字、さらに先人たちが実際に使ってきた漢字について、確かな証拠が見つかっていることだけを取り上げていきたいと思います。

「漢字はいくつあるんですか?」と、よく尋ねられるのですが、「常用漢字」は二千百三十六字といえます。諸橋轍次（てつじ）博士の『大漢和辞典』（大修館書店）には五万を超える字を載せていますが、その中には字体だけが異なる異体字がかなり含まれています。中国では八万字を載せた辞典まで刊行されましたが同様です。それらの字の種類としては、三万程度かと思われますが、そこに収められなかった字もまた多いのです。どこまでが一文字なのか、そもそも作った字はすべて漢字と呼べるのか、といった線引きの難しさも顔を出す、曖昧さと面白さをもった世界なのです。

現代に生きていたって、今の漢字の動態をすべて知っている人はいません。たとえば大学生の手書き文字を読んでいると、「∴」という字に驚かされました。数学の証明に出てくる「ゆえに」のようですが、違います。漢字なのです。また「因囚」は、もう少し若い女子中高生が使っているのですが、これも読めますか？　これらの答えは、本文の中に書いてあるので、お楽しみとしてください。

日本列島は狭いようで広いです。出張や旅行の最中でもカメラを持って歩いていると、珍しい字が書かれた看板や貼り紙に行き当たり、その独自さに目を奪われます。たとえば「笂」は地元では小学生でも読み書きしている字ですが、ご存じですか？　この本では、堅苦しくないそうした

暮らしに生きる漢字も紹介していきます。

漢字に関しては、過去に遡(さかのぼ)ることも大切です。たとえば人の言は「信」、古人の発想の通りでありたいものですね。また、漢字を工夫して使おうとする営みは昔からたくさんあったのです。文献を調べていくと、不思議な字に出くわすことがあります。

この凄まじい字（下の大きい漢字）は、一字だけで「はしだて」と読みます。日本三景の一つ天橋立(あまのはしだて)専用の字ですが、室町時代になぜかこう書く人がいたのです。昔の漢字は謎を秘めています。

ネット情報には「〓」と書くのが本当とあるため、それを信じる人が増えつつあります。しかし、文献の実物に当たって検証を加えていった結果、これは、印刷がかすれた白黒写真を誤認した結果にすぎなかったことが判明しました。これはこれで現代のネット社会の中で現れ、拡散してしまった「幽霊文字」として扱うべきもので、人間の漢字に対する認識の危うさと鷹揚(おうよう)さがうかがえます。

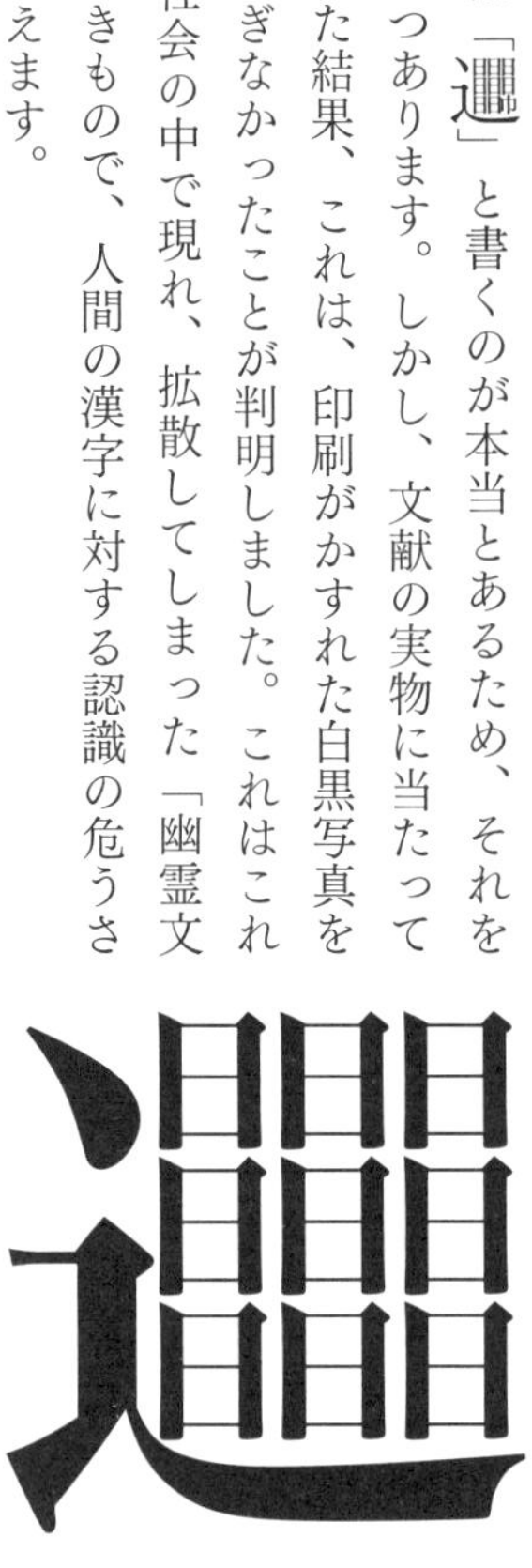

「誤字」「俗字」と言われるような字も、人間の営みが表れた字とみることができます。ただバツをつけるだけでなく、どうして間違えてしまったのか、そもそも漢字にとって間違いとは何なのか、と考えるきっかけにしてもらえれば幸いです。

取り上げる漢字には華々しさや派手さのないものもあるでしょう。しかし本物だけが発する滋味や大らかに表現をしてきた人々の思いを感じ取っていただけるはずです。

それでは、出題に入っていきます。漢字そのものとそれを用いた表記、字の形、字の読み方、字の意味、そして中国、韓国、ベトナムの漢字についてと全部で五章に分類してありますので、気軽に答えてみてください。

解けたら、ページをめくって、答え合わせをしてみましょう。解答の後ろに解説を簡潔に書きました。満点は取れないと思います。もし半分くらい答えられたならば、あなたは現代の日本の漢字だけでなく、永い歴史を持つ漢字文化の全般まで広くよく知っている人に違いありません。

それでは、それぞれのペースで、肩の力を抜いて漢字の豊かな世界に分け入ってください。

目次

1

こんな字がある？

その単語はこう書くの？

小出	千種	瀬野
正正正 正正T	正正正正 T	正正正T

投票数を数えるときに使う「正」の字➡P23

この章では「こんな漢字があるの？」「どうしてそう書くの？」というものを中心に紹介していきたいと思います。人が真面目に作ったものであっても、お遊びで作ったものであっても、共感を得て、真似して使う人が増えていけば、いつの間にか漢字として独り立ちしていくのです。その中には、機知に富むものもあれば、失敗作と言いたくなるものもありそうです。ここではしゃちほこ張らずにそれらを柔軟に見つめていきましょう。

英語ならばcatという単語は「cat」としか書けません。せいぜい大文字にするくらいです。中国語ではその動物をマオと言いますが、「猫」としか書けないのです。ローマ字で書くのは子供や外国人向けの臨時的な表記なのです。ところが日本語はどうでしょう。「猫」「ねこ」「ネコ」、発音は一緒なのに三通りの書き方が通用していますよね。それぞれニュアンスが違って感じられませんか？

bearに至っては、野生の恐ろしいのは漢字の「熊」、剥製にされて生物標本になればカタカナの「クマ」、そしてかわいらしくデザインされたぬいぐるみはひらがなの「くま」なんて、表記ごとの感覚の違いを唱える声も聞かれるほどです。こういう多様性が個々の表記に見受けられるのは、日本語の際立った特徴なのです。さらに複雑な例も見ていきましょう。

Q

「おなかがすいた」「おなかが痛い」などという時の「おなか」は、常用漢字表に従うとどう書くことになるでしょうか。

おなか

◎ヒント▼簡単すぎ、ですか？

Q

「尋」という字の「ヨ」の下の「エロ」のような部分は、何を表しているのでしょうか。

◎ヒント▼小学一年生で習う漢字二字のそれぞれ一部分なので、字の意味を考えて、それらの漢字で答えてみましょう。

【答え】

「お中」。常用漢字表に従うと「御」は接頭語「おん」には使えますが、「お」には使えません。この「なか」に当てられる漢字は「中」だけで、「腹」は訓読みが「はら」しか認められていません。江戸時代の人たちは「御中」や「お中」と書いていました。皆が読めそうな場面では「お腹」を使って問題ありません。

お中

A

【答え】

「左右」。カタカナの「エロ」が入っていると感じる人がけっこういるのですが、そんなはずはなくて、「左右」という漢字が入っています。これらの「ヨ」「寸」や二つの「ナ」は、いずれも手の形です。左右の手を伸ばした長さが昔の一尋（ジン、ひろ）で、百五十センチ余り、あるいは百八十センチ余りと言われています。

左右

A

Q

「人」という字の形は、もとは何人のヒトから成り立っていたのでしょうか。

◎ヒント▼何か話を聞いたことがありませんか?

Q

臓器提供者を英語による外来語で「ドナー」と言いますが、遡(さかのぼ)ると、これと同じ語源をもっている漢字で書く日常のことばは何でしょうか。

ドナー

◎ヒント▼すぐそこにいるかもしれません。発音が少し似ています。

一人

【答え】

「一人」。「人という字は二人の人が支え合ってできている」という話がテレビなどで聞かれます。しかし、古代中国の甲骨文字や金文では、一人の人間が横を向き腕を伸ばして立つ姿をかたどった文字でした。二人という話は、教育学者の新渡戸稲造が教育のために作ったものです。

A

旦那

【答え】

「旦那」。古代インドのサンスクリット語（梵語（ぼんご））で、布施、施しを「ダーナ」と呼びました。英語圏ではドナーのようになり、臓器を提供する人という意味に変わりました。インドから伝わった中国では、お布施の意味で使われ、檀那（旦那）と漢字が当てられ、さらに日本では主人の意へと変わりました。

A

Q

次の字には、なぜ「鬼」が入っているのでしょうか。

魅

◎ヒント▼魅了する、魅力とはそもそも?

Q

次の字は、雨具などとして用いる「かさ」と読みますが、中の「人人人人」は何を表しているでしょうか。

◎ヒント▼相合い傘にしては、たくさんですよね。

【答え】

「魅」という字が鬼の一種のもののけ・化け物という意味だったため。中国で「鬼（キ）」は、死者の魂を意味しました。それに発音を表す「未」を加え、物が年を経て怪異となったものを指し、そこから化かす、まどわすという意味も生じたのです。「魑魅（ちみ）」もまた化け物の名前で山林に住むもの、「魍魎（もうりょう）」は川に住むものとされました。

A

【答え】

傘の骨やシワ。中国で、六朝時代に、傘を開いた形を象（かたど）って作られたものです。「人」が四人も入ったわけではなく、布のシワを表します。楷書ができてからの象形文字は非常に珍しく、比較的新しい時代に生み出された、今、日本で使っている一番若い象形文字です。

A

Q

「猫」という漢字は、ネコの姿をかたどった象形文字だと言う人が結構いるのですが、成り立ちとしては正しいでしょうか。

猫

◎ヒント▼音読みも合わせて考えてみましょう。

Q

次の字は、戦国時代ころに日本で使われた暗号のような字です。何と読むでしょうか。

カ田+ナ（合字）

◎ヒント▼刀剣鑑定の本に書かれていました。

【答え】

鳴き声

正しくない。確かに右側が猫の顔、獣偏（けものへん）が体や尻尾のように見えなくもないですが、獣偏は動物を表し、「苗」はビョウ・ミョウという音読みを表します。中国で猫の鳴き声から猫をミアオのように呼び、その発音を苗で表したものでした。獣偏が猫背のようだと言いますが、「犬」の字の変形です。

A

【答え】

かたな

「かたな」。この字で「かたな」と読ませます。「刀」のことで、戦国時代のころには刀剣に関わる仲間の間でだけ読めるようにと、このような暗号みたいな字が多数作られ、書籍などで実際に使われていました。「カタナ」を組み合わせた字もあり、「刀」よりも画数が増えています。

A

Q

次の字は、中国ではどういう場面で最もよく使われているでしょうか。

囍

◎ヒント▼喜が二つ並んでいますから……。

Q

次の字は、どこの国で生み出された字でしょうか。

働

◎ヒント▼「漢字」の一つに数えられてはいますが……。

【答え】

「結婚式」。新郎新婦の二人の喜びを表すということで結婚式の飾りのほか、結婚に関する場面や品物に特によく使われています。宋代に王安石が科挙と結婚という二つの喜びを手に入れたことからできたとの伝承もありますが、明清代から見られます。日本ではラーメン丼（どんぶり）によく使われています。

結婚式

A

【答え】

「日本」。日本で造られた漢字なので、国字（和製漢字）などに分類されます。もとは「動く」で、「うごく」のほかに「はたらく」と読ませていたのですが、それに中世に人偏（にんべん）が付加されて定着したものです。戦場での働きによく使われ、後に音読みのドウが加わって労働などの熟語もできました。

日本

A

この字は、何と読むでしょう。

[illegible]

◎ヒント▼乚（にょう）のような部分は、上に出ている線を引っ込めて雨冠（かんむり）を付けてみると。

「丼（どんぶり）」という字についてです。古くは「井」（井戸）の中の「丶」は何を表したのでしょうか。

丼

◎ヒント▼エビ天やウナギの蒲（かば）焼きではない、ある物を投げ込んだときの音が……。

A

電気

【答え】

「でんき（電気）」。戦前に、説文会という組織が、一つの単語は一文字で、という発想から作りだした合字でした。「電車」は「〓」、「電信」は「〓」など作り、後藤朝太郎（あさたろう）や栄田猛猪（さかえだたけい）のように漢和辞典に収める人も出ました。しかし、合字を作っていけばきりがなくなったためか、廃れました。

A

石

【答え】

「石」。千年ほど前の中国で、「井」の中に「、」（石）を投げ込んだ「タン」というような音を表すために「丼」が作られました。実は「井」（い、セイ・ショウ）も古く「丼」と書かれましたが、それとは別です。日本でその水音をドンブリと言い、平安時代から「丼」の中に「石」と書くこともありました。

Q

数を数えて記録する時に、「正」という字を書いていく方法があります。これはどこの国で始まったものでしょうか。

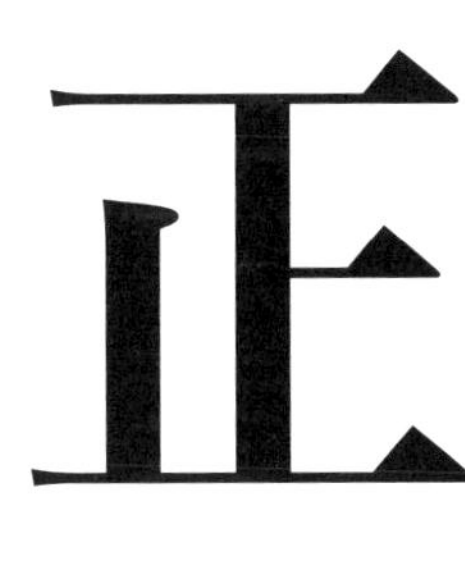

◎ヒント▼漢字を使う各地で見かけるのですが。

Q

縦書きでは、「二〇二〇年」のように書くことがありますが、この「〇」は「常用漢字表」にあるのでしょうか。

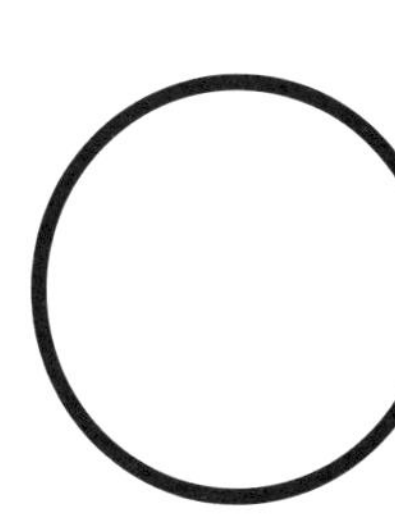

◎ヒント▼漢数字の中に現れますよね。

【答え】

「中国」。清の時代に、芝居小屋に集まってきた客の人数を数える時に「正」の字を書いたという記録が古く、次いで日本や韓国でも使われるようになりました。五画がタテヨコと整然と数えられるので便利ですが、室町時代や江戸時代には「玉」や「日」などを書いて数えることがありました。

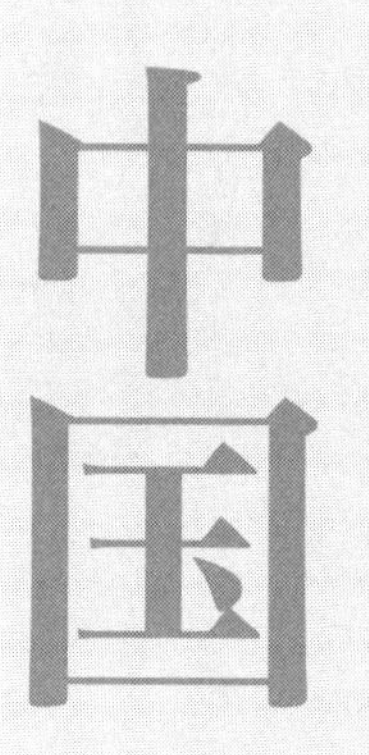

【答え】

ない。「常用漢字表」には、「零（レイ）」はありますが、この「〇」はありません。「〇」は中国で、表などの空欄を表す記号と、西洋から伝来したアラビア数字の「0（ゼロ）」とが混ざってできたものです。記号ではなく漢字として認める辞典も中国や日本にあります。

Q

女子高校生らの間で「卍（まんじ）」という言葉が感動詞のように使われているのですが、写真を撮るときにも「はい、卍」という人たちがいます。どうしてでしょうか。

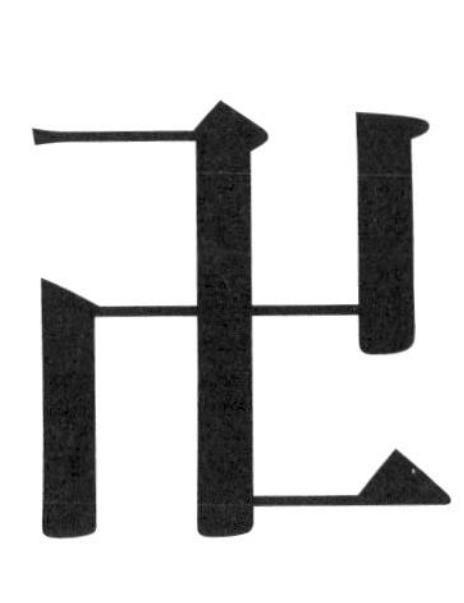

◎ヒント▼写真写りに注目すると……。

Q

現在、果物のビワは漢字で「枇杷」と書き、楽器のビワは「琵琶」と書きます。この二組のビワでは、どちらの意味のほうが古いでしょうか。

枇杷　琵琶

◎ヒント▼ビワ（ビハ）はもとはシルクロードに起源を持つ外来語でした。

【答え】

そう言うと口が笑っているような形になるから。「イ」段は口角を引くので、笑顔に見えます。「ハイ、チーズ」が英語圏から入ってきましたが、日本人は「ズ」と言うと口をすぼめてしまう傾向があるため、「イ」段の単語が求められたのでしょう。「卍」はインドで、めでたい紋様だったもので、唐の時代に漢字に採り入れられました。

マジ卍

A

【答え】

「楽器」。ペルシャ周辺の楽器にバルバットという弦楽器がありました。それが西域を通って中国に伝わり、「枇杷」などの漢字が当てられ、さらに「琴・瑟」を基に「琵琶」という漢字も作られ、定着しました。その楽器と形の似た葉を持つ果物には、木偏の「枇杷」のほうが定着したのです。

楽器

A

二人の「人」が並んだ「从」は「従」（従が旧字体）の古い字なのですが、「人」が背中合わせに二人並んだ漢字は、何でしょうか。

◎**ヒント**▼楷書では、「人」の形がだいぶ変わっています。

二人の人が左右に向いて背中合わせになった様子からできた字が上の問いの字ですが、二人の右向きの人が並んだ様子からできた字は何でしょうか。

◎**ヒント**▼二人の左向きの人からできた字が「从」ですが、それをそのままの形で逆にするだけでは、答えになりません。

【答え】

「北」。「北」という字は、左向きの「人」と、背中合わせに逆方向の右を向いた「人」とからできていました。人がそむき合っているところから、「そむく」という意味も表します。その下部に肉月を付けることで「背」（ハイ、せ・そむく）という字ができたのです。

北

【答え】

「比」。殷代には「匕」（女性の祖先、後にサジを表す）を二つ並べた形でしたが、「人」を同じ向きに並べた形でも書かれました。楷書で、二人の人を背中合わせに並べた上記の「北」の右側のような形が二つ並べられ、今の形で定着したのです。したしむ、仲間、くらべるといった意味を表します。

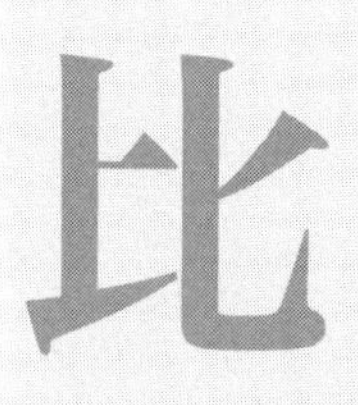

Q

次の二字は、実は当て字でした。元の表記はどのような漢字だったでしょう。

雑炊

◎ヒント▼ゾウスイを作る時には水を増やしますよね。

Q

江戸から明治時代にかけて、「ギヤマン」ということばが漢字では「硝子」「玻璃」と書かれて使われていました。ガラス製品を表す前、「ギヤマン」は、何を指していたでしょうか。

硝子　玻璃

◎ヒント▼英語と似た単語を持っているオランダ語の diamant が訛（なま）ったものなので……。

【答え】

「増水」。調理の際に、水を増やして作るというところからできた語だったので、この二字で書いていました。ただ酒だって水増ししたら美味しくないわけで、また「水瓜（すいか）」も「西瓜」と変えられたように、江戸時代に増水に対して「雑炊」ともっともらしい当て字が生み出されたのです。

増水

A

【答え】

「ダイヤモンド」。ダイヤモンドに当たるオランダ語を江戸時代の初めにそのままの意味で使っていたのですが、ダイヤモンドでガラス器に彫刻を施したところから、ガラスそのものもギヤマンと呼ぶようになりました。そしてしばらくの間、ポルトガル語由来のビードロと同じように使われていました。

ダイヤモンド

A

Q

次の字は、海に住む動物の「タコ」と読みますが、中国では元は何という虫を指していたでしょうか。

蛸

◎ヒント▼足が八本、姿もタコに似ている虫だったところから、この字が日本でタコとされたものです。

Q

犯人は「土地カン」がある人物、とよく耳にしますが、この「カン」の本来の漢字は、どれでしょう。

感
鑑
勘

◎ヒント▼よく見るのとは違って……。

【答え】

「クモ」。詳しくはアシダカグモ（またはアシナガグモ）とされます。頭・体から脚が八本も伸びている姿が印象的で、そこからタコにも「海蛸子」といった呼び名ができて、さらに日本で一字だけでタコを表すようになったのです。小さな生物である虫にも水中の魚にも分類しうるので「鮹」とも書きます。

クモ

A

【答え】

「鑑」。元は警察用語で「土地鑑」と書かれました。鑑別、鑑識の鑑で、「土地関」とも書きました。一般的な感覚とはずれがあり、新聞は「土地カン」などとも書き、国語辞典に「土地勘」も載るようになってきました。勘違いも「感違い」、価値観も「価値感」と「感」はとかく出てきやすいのです。

鑑

A

Q

この漢字の読みは、次のどれでしょうか（3ページの写真参照）。

①ふし　②うつぼ　③かご

笂

◎ヒント▼現代では仮名書きも減っている語のようです。

Q

九十年ほど前に提案された漢字です。何を表すでしょうか。

金Mg

◎ヒント▼なかなかうまくできている、かも。

うつぼ

【答え】

②うつぼ。うつぼは、矢を入れるための丸い筒型の道具です。「靫（靱）」「空穂」などとも書きますが、群馬辺りでは古くに素材の竹と丸い形から「笂」という字が作られて、今でも地名や学校などの名前として使われ続け、〝方言漢字〟となって使われ続けているのです。

A

マグネシウム

【答え】

「マグネシウム」。アメリカ在住の中国人である陸貫一という人が、元素の名前は、金属や気体などの状態を表す漢字を部首にして、そこに欧米の元素記号を添えるとよいと考えて、雑誌に具体例とともに提案しました。この字は「Mg（エムジー）」と読ませます。全く広まりませんでした。

A

2
この形って？
個性的な表情を読み解くと……

名字でよく見かける「﨑」ですが……➡ P47

漢字には、必ず形があります。漢字の点画は「丶一亅丿㇏乚乙」など二十種類以上あります。それらを組み合わせて偏（へん）・旁（つくり）・冠（かんむり）・脚（あし）などさまざまなパーツを形成します。目に見える具体的な形を字形と呼び、デザイン性を捨て去って頭の中で捉えた骨組みを字体と呼ぶのです。デザイン性をもった字形のことを書体、フォントと呼びますが、一般にはこの書体のことも字体と呼んでいますよね。この点画が増えれば画数も増えます。日常使う漢字でも、「鑑」とか「鬱」は、二十画を超えていますが、パソコンやケータイではパッと変換されるので、細部を忘れがちです。漢字は一つ一つが意味や発音をもっているので、いくつか組み合わされればたいてい新たな意味をもつようになります。そうしてできた漢字が日本語の音読みや訓読みと結びつくわけです。

　個々の字が正方形に収まりながら、個性的な表情を持っているのが漢字です。この章では、漢字の形という面に着目し、さまざまな実例を紹介していきます。「俗字」「略字」「誤字」などのレッテルは、実は時代によって、国によって、価値観によって変わるものなのです。漢和辞典を引き比べれば、これらのレッテルが互いに違っている例に気づくでしょう。そうした異体字が字に意味のヒントを与えてくれることもあります。では、次のページから、ぜひ楽しみながら答えを当てていってください。

Q

日本では中世に、ある漢字が書きにくいので、次の三字を縦につづめて書いて済ませることがありました。それは何という字でしょうか。

林
四
郎

◎ヒント▼これは、人の名前ではありません。画数は、合計すれば七画ほど省略されています。

Q

この字は、ある漢字が変形したものです。元は何という漢字だったでしょう。

◎ヒント▼形と訓読みからよく考えると……。

【答え】

「鬱（うつ）」。中世には、「欝」という異体字をさらに分かりやすくしようとして、そのように書く人たちが現れました。この「欝」という字体も、二十九画もある「鬱」という字を書きやすくしようとして変化したものです。二〇一〇年の改定常用漢字表には「鬱」で採用されました。

A

【答え】

「肉」。中国で六朝時代に「肉」という字の形を書きやすく、また「六」でニクという音を示すように変えたものでした。日本では古くニクのことを「しし」といったため、それが「宍」の訓読みとなり、姓や地名に残りました。なお、肉を串刺しにした料理のシシカバブの「シシ」はトルコ語で串の意。

P67参照。

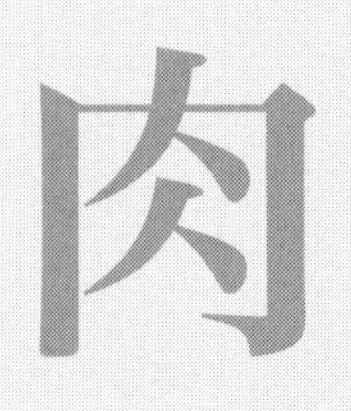

A

Q

この字は、何と読むでしょう。

◎ヒント▼神さまがいらっしゃるとよくいわれている場所を考えてみれば分かるかも……。

Q

この字は、何と読むでしょう。

◎ヒント▼「西」の「国」にいらっしゃる「人」とは……。

A

【答え】

「サン、かいこ」。「蚕」の異体字です。元の「蠶」の字体が複雑すぎ、かつカイコが大切にされたので「天の虫」とか「神の虫」と認識され、これらの会意文字が造られたのでしょう。六朝時代には、こうした会意の異体字がたくさん作られ、俗字と蔑む知識人もいましたが、お蔭で簡単に書けるのです。

サン・かいこ

A

【答え】

「ほとけ」。「仏（佛）」を書き換えた字で、音読みはブツです。とくに浄土信仰では、仏は西方浄土にいるというイメージが強くあり、この類の異体字が生み出されました。江戸時代に中国から伝わってきたもので、今でも例えば青森県東北町では、「𠆢沢（ほとけさわ）」という地名があります。

ほとけ

Q

若い人たちの間では、手書きの文字に変化が見られます。「∴」は何という漢字を略したものでしょうか。

∴

Q

「常用漢字表」にある二千百三十六字のうちで、一画の漢字が二字あります。「一」のほかは何でしょうか。

一画の漢字

◎ヒント▼その字の線をヒモのように引っぱって真っすぐに伸ばせば、「一」の三倍くらいの長さになりそうです。

【答え】

「品」。「何」「品」などの「口」を「〇」と略記することは以前からあったのですが、最近では「、」や「・」と点だけで書く若者が増えてきました。そのため、「出∴」「∴質」「∴川」のように、「品」を「∴」で表すことさえ起こっています。略字を嫌う近頃の若者の生み出した新略字です。ただ、「句」を「勺」のように楷書で「口」を「、」に略すことは近世などにありました。

【答え】

「乙」。「甲乙」「乙女」などの「乙」です。乙女の乙（おと）は「オツ」という音読みだけを借りた当て字でした。古い楷書では、上部の「一」の線が短く書かれ、そのまま曲げて「礼」の右側のように書かれることがよくありました。正方形の活字の中で、「乙」という形が定着します。

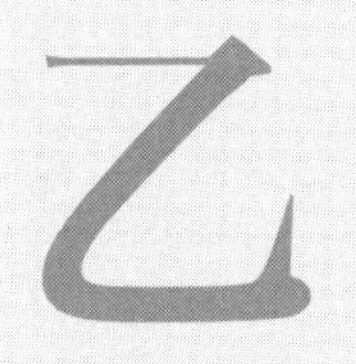

Q

常用漢字の中でいちばん画数の多い字は何でしょうか。

画数が最多

◎ヒント▼読めるけど書けない字の代表かもしれません。

Q

ふだん使う字の異体字です。何という字でしょうか。

◎ヒント▼国がまえですからね。

【答え】

「鬱」。二十九画もあります。憂鬱のウツです。俗字の「欝」は使用頻度が低いため採用されませんでした。中世には「[illegible]」（P37）、江戸時代前後には「[illegible]」とも略されました。なお、日本医学会では、病名を「うつ」とひらがなで表記すると決めていて、常用漢字になった今も変わっていません。

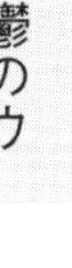

【答え】

「国（くに）」は古くは「或」や「國」と書きました。六朝時代以降には、様々な俗字が生み出されます。「国がまえに王」、「国」、そしてこの「国がまえに民」も石碑や文書などに書かれ、奈良時代以降、日本でも受け継がれていきました。

Q

ハカセ（ハクシ）とセンモン、漢字で書くと一字目の右上に点が必要なのはどちらでしょうか。

博士

専門

◎ヒント▼これには隠れたルールがあるのです……。

Q

「いなほ」の「ほ」を漢字で書く場合、右上に点は必要でしょうか？

稲穂

◎ヒント▼規則性をよく考えてみると……。

【答え】

ハカセのほう（博）。「甫（ホ）」が声符つまり音読みを表す部分として含まれる字には多少形が変わっていても必ず点が必要で、音読みもハ行・バ行です。博、薄、簿、敷、溥（フ）など皆そうです。一方、専や恵、團（団）などは、成り立ちが違うのでハ行ではなく、点も要りません。

博士専門

A

【答え】

点は必要ない。「穂」の旧字体は「穗」、音読みはスイで、「ほ」は訓読みでした。つまり前問での「甫」というパーツが含まれていないので、点は不要なのです。ただし、名字や名前など固有名詞では、縁起担ぎや書き間違いなど何らかの事情から例外的に点を打つケースがありました。

稲穂

A

Q

国がまえに兎（うさぎ）と書く漢字があります。何という字の異体字でしょうか？

◎ヒント▼これは童話の挿絵から素直に考えてみましょう。

Q

次の字は、「﨑」とはどういう関係にある漢字でしょうか。

崎

◎ヒント▼名字でよく見かけるほかに、どこで見かけますか。

月

A

【答え】

「月」。道教の経典に「月」として出てくると昔の辞書にあります。中国では、月で兎が不老不死の薬を搗いているとの言い伝えがあり、そこから作られたものです。日本では、兎が杵を持って臼の餅を搗いていると見立てています。科学的には隕石でできた陰だそうです。

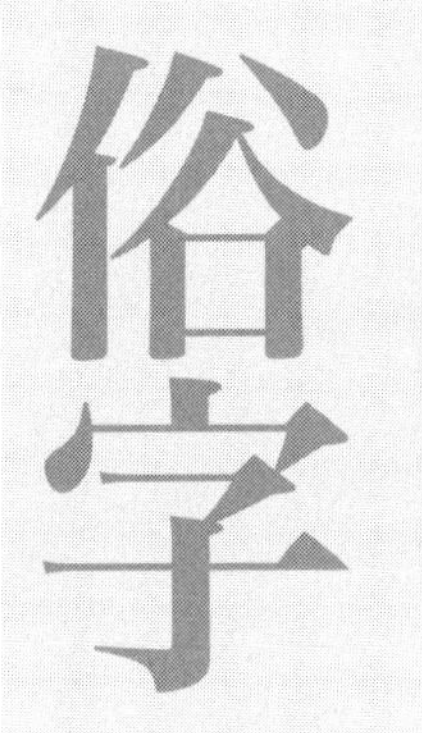

A

【答え】

俗字・書写体（筆写体）。「﨑」は漢和辞典などでしばしば「俗字」とされます。確かに字源からは「﨑」となります。しかし、隷書や行書、楷書などで書きやすく、バランスの整った字体が求められて「﨑」が書写体として習慣化して、書道作品のほか戸籍などに根強く残ったものです。

Q

「剝」は、「剥」と書くことがありますが、これは内閣告示・訓令の「常用漢字表」で認められている字体なのでしょうか。

剝

◎ヒント▼この字の右側は、もともと「みどり」という漢字のつくりと同じパーツでした。

Q

漢字に「九十百千」を組み合わせた「〓」というものがあります。よく使う字と同じ字なのですが、それはどの字でしょうか。

◎ヒント▼長命でおめでたそうな、正月にふさわしい字です。

A

手書きやパソコンなどの印刷文字では、認められている。「常用漢字表」（二〇一〇年改定）の前書きや「常用漢字表の字体・字形に関する指針」などによると、手書きをする際には「剝」でも「剥」でも良いことが明記されています。また、情報機器の印刷文字の字体の関係で、「剥」を用いることも差し支えないとされます。

剥

A

答えは「寿」。岡田藩（備中＝岡山県）の第十代藩主であり、岡山県の初代の知事は「伊東長䛟（とし）」でした。この字は、明代の辞書に「寿（壽）」の異体字として載っていることから、それで知った人によって長寿を願って選ばれたものかもしれません。

寿

Q

「侯爵」の「侯」に似た字に「気候」の「候」がありますが、この字のにんべんの右側にある縦画「|」は、元は何という字だったでしょうか。

侯 候

◎ヒント▼楷書ならば二画になる字でした。実は答えがその字の中に……。

Q

江戸時代に現れたという妖怪に「くだん」というものがいます。顔は人のようですが、体はどんな動物のようだとされていたでしょうか。

妖怪「くだん」

◎ヒント▼「くだん」を漢字一字で書いてみると……。

【答え】

「人・イ（人偏（にんべん））」。発音を表すために「侯」という字を借りてきて、その左にさらに人偏を加えたのが「候」だったと漢代の字書『説文解字』に説明されています。人偏が二つ並ぶと不格好ですし、「侯」の古い形が「矦」だったために縦棒となったのです。なお、「條」の人偏の右隣の縦棒は「水」の略とされます。

人

A

【答え】

「牛」。「くだん」は「件」と書き、江戸時代には文書などで多用されていました。先に「くたべ」という名の妖怪が現れたとして「倫郷」という造字で書かれました。その描かれた姿と字の部首と「く」で始まる三拍の発音から「件」への連想が働いたと考えられます。

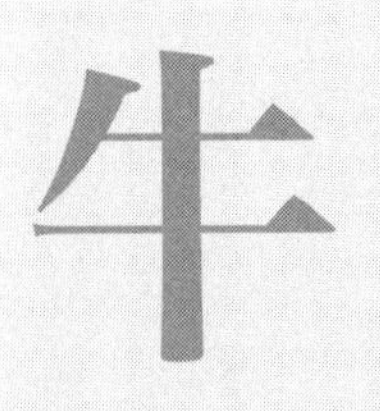

A

Q

次の字は、江戸時代に使われていた重さの単位を表す文字です。ローマ字を漢字のような形に書き換えたものですが、もとのローマ字は何でしょうか。

◎ヒント▼ゲレインと読む単位なので。大文字です。

Q

江戸時代や明治初期の文書を見ていると、次の字がよく出てきます。今の字に直すと何になるでしょうか。

◎ヒント▼繰り返し記号があるってことは……。

【答え】

「G」。江戸時代に、オランダから入ってきたゲレイン（Grain　グレーン）という単位が「G」と略されていたので、蘭学者が漢字のように毛筆で書きやすくしようと形を変えたものでした。薬品などの重さを表すために、当時の医学書などで使われていました。

G

A

【答え】

「出」。古くは、「山」を上下に二回重ねて書いていたので、その習慣に対して、同じことを二回書くわけだから、と繰り返し記号を使うようになりました。「山」の下は中国では「二」のような形でしたが日本で「々」となりました。ちょっと書きやすい日本独自の略字ですが画数は減っていません。

A

Q

江戸の古地図には「畀」という字がよく出てきます。明治になってもしばらくの間は使われていましたが、今の字に直せば何になるでしょうか。

◎ヒント▼配置を換えてみると……。

Q

江戸時代から明治時代ころまでは「売」が「賣」(バイ、うる)ではない別の字の略字として使われていました。どの字でしょうか。

◎ヒント▼こういう形が左に来る字といえば……。

A

【答え】

「町」。「田」という部首に、音を表す「丁」が並べられた字です。しかし、書くとバランスが取りにくいせいか、よく配置を換えて「甼」と書かれました。江戸時代の人は、こういうようにパーツを移動した字体を動用字と呼んで普通に使っていました。

町

A

【答え】

「殻」。江戸時代には、「殻」は「籾殻（もみがら）」などでよく使う字だったため煩瑣（はんさ）に感じられたのでしょう。右側の「殳」を省き、「売」やその「几」を「几」と書く人がたくさんいました。一方、売るは「賣」で、続けて書けばさほど面倒でなかったせいかあまり略字が使われませんでした。

3

この字の読みは?

何でもありの離れ業!

ラーメン店の入り口にあった
「春夏冬中」の看板➡ P63

中国で生まれた漢字には、形音義つまり字の形、音読み、意味が備わっています。日本人は、その意味に当たる大和言葉を選んで使っていく中で訓読みも定着させてきたのです。字の意味と和語の意味はいつもぴったり一致するとは限りません。ずれが生じますし、あえてずらすことさえ起こります。さらに、日本で作ったつもりの字なのに、形だけが中国の字と一致することまで起こります。こうして日本独自の字義つまり国訓ができたのです。

日本人は、和語のほかに漢語や外来語まで訓読みにしていく器用さを発揮します。戦後、「当用漢字表」や「常用漢字表」でかなり整理されたものに対し、それでは足りないと、ふりがなを駆使しながら新しい読ませ方が次々と生まれています。音読みにも呉音、漢音、唐音、さらに慣用音と呼ばれるものまで根づいています。仏教語など古いことばは呉音という原則はあるのですが、それもまた例外に満ちた個別性の高いものとなっています。「言語」は漢音だけならばゲンギョ、「文化」は呉音ならばモンゲでした。

ついには「煙草」のように外来語を熟字訓で表記するに至りました。ポルトガル語起源の「タバコ」と読ませることとさえいとわなかったのです。「○○と書いて××と読む」という離れ業までやっているのは日本語だけなのです。この章では漢字の思わぬ読み方を当ててみましょう。その背景として隠された文化や歴史が垣間見えるはずです。

Q

次の二字は、何と読むでしょうか。

牛坂

◎ヒント▼東北は秋田県にある地名です。ウシサカは東北の方言ならば？

Q

江戸時代の戯作者、山東京伝は、次の字を作りました。何と読むでしょうか。

皿頭

◎ヒント▼頭の上にお皿があるので……。

べこさか

【答え】

「べこさ（ざ）か」。牛のことを東北でベコと呼ぶので、そのまま地名に漢字が当てられたものです。いわば「方言漢字」であり、「方言訓」とも呼べます。この「べ」は牛の鳴き声（モーの類）からきており、「こ」は「馬」が「馬っこ」となるのと同様の接尾語です。

A

かっぱ

【答え】

「かっぱ」。京伝が著した黄表紙の『怪談摸摸夢字彙（かいだんももんじい）』という戯作に、「化物虚字（うそじ）」の一つとして登場します。「井」の中に「皿」を入れた字は「さらやしき」だそうです。二百年余り前の太平の江戸の世に出版されたものでした。

A

Q

次の三字は、徳島にある地名ですが、まとめて何と読むでしょうか。

十八女

◎ヒント▼昔の誰かが見た、数えで十八歳の女性についてのことらしいのですが……。

Q

江戸時代の本に「釯鈅」という字が時々出てくるのですが、なんと読むでしょうか。

釯鈅

◎ヒント▼辞書にはまず載っていませんが、見ているうちに読めて意味も分かってしまいそう。

A

【答え】

「さかり」。いわゆる女ざかりのことといわれているのですが、この由来については、安徳天皇にまつわる伝承があるなど、諸説が唱えられていてはっきりしません。かつて名字にもあったという話もありますが、実在が確認されていません。十八番は歌舞伎十八番からで「おはこ」でしたね。

さかり

A

【答え】

「トタン」。トタンは亜鉛を鍍金（めっき）した薄鋼板のことで、トタン屋根など建築資材としてよく使われます。語源としてはポルトガル語のtutanaga（亜鉛と銅とニッケルの合金のこと）に由来するともいわれています。「鉒」は中国ではトリウムという元素を表しますが、それより先に作られていました。

Q

商店の看板や貼り紙に、次の四字を見かけることがあります。何と読ませるのでしょうか。

春夏冬中

◎ヒント▼四季の中で、ここにないのは何でしょうか。

Q

次の二字は、明治時代ころに使われた当て字です。何と読むでしょうか。

高襟

◎ヒント▼意味を考えて漢字が当てられています。別に漢字の発音を利用して当てた「灰殻」という皮肉を込めた表記もありました。

【答え】

「あきないちゅう」。商い中という意味です。古くからある判じ物の一種で、「春夏秋冬」のうちで「秋(あき)がない」ため、「あきない・ちゅう」と読ませているのです。このように機転を利かせた読み方をさせる漢字遊びの源流は中国の宋代のころから流行し始めた詩にあります。

あきないちゅう

A

【答え】

「ハイカラ」。ハイカラはひとまとめに感じますが、ハイは高い、カラはカラーで襟のことで、元は高い襟を付けた西洋風な人を指しました。この当て字は夏目漱石や森鷗外も用いています。ハイカラな人をからかう昔ながらの人たちもいて、そういう人は「灰殻」なんていう当て字を使っていました。

ハイカラ

A

Q

次の字は、何と読むでしょうか。

囨

◎ヒント▼辞書には載りませんが、近頃、何にでも飾りをつけるのが好きな女子中高生の間で使われています。

Q

「縁」と書いて「えにし」と読むことがあります。この「えに」は、和語(大和言葉)でしょうか。

縁

◎ヒント▼音読みは何でしたか。

A

【答え】

おとな

「おとな」。「大人」のことです。女子中高生がプリント倶楽部（プリクラ）などに書いていています。これらの「口」には、何も意味が込められていないとのことで、「1」を「①」とするように、「大」「人」のそれぞれの字を四角で囲って飾りたてているだけです。囚われた因果な大人という意味などは意識していないそうです。

A

【答え】

漢語

和語ではなかった。「えにし」の「えに」は、「縁」の音読み「エン」が変化したもので、つまり漢語がもととなっている単語でした。「銭（セン）」の「ぜに」と同様です。そこに意味を強める助詞の「し」が加わってできた語が「えにし」だったのです。「文（ふみ）」も中国から伝来したので、ブンからと考えられます。

Q

『万葉集』に出てくる「恋水」という二字は、江戸時代にはふつう何と読まれていたでしょうか。

恋水

◎ヒント▼恋をすると時には目から……。

Q

「鹿」は、シカとは違う「しし」という読みもあります。どうしてそう読むのでしょうか。

鹿

◎ヒント▼同じ読み方を持つ漢字がありますよね。

A

【答え】

「なみだ」。古写本に現れる読み方で、江戸時代の研究者や版行された『万葉集』にも採用されるなど、広く支持されました。その後、解読と研究が進み、実は「変水」を写し誤ったもので、なみだではなく若返りの水という意の「おちみず」と読むという説が主流となっています。

なみだ

A

【答え】

シカを肉として見た（肉に着目した）ため。「シシ」は古くは肉を表す和語でした（P37）。シカは食用とされることがあったため、「（カノ）シシ」とも呼ばれたのです。「イノシシ」も「イ（猪）」だったのですが、やはり食用に供されたために肉の意の「シシ」を加え「イノシシ」と呼ばれるようになりました。

Q

次の字は、何と読むでしょうか。

お俠

◎ヒント▼漢字からして少々手強そうですね。

Q

次の字は、なんと読むでしょうか。

毳毳しい

◎ヒント▼意味より発音で当てたようです。

【答え】

「おきゃん」。俠客や仁俠の「俠」という字は、キョウのほかに、宋代以降に伝わった新しい音読みである唐音でキャンと読みます。江戸時代に、勇み肌で粋な男性や女性を指し、次第におてんばな女性を指すようになっていきました。当時は、「俠(きゃん)」だけでも用いられました。

おきゃん

A

【答え】

「けばけばしい」。漢字の「毳」は、細くて柔らかい毛を指し、日本では「けば」と読まれました。「けばだつ」は「毳立つ」と書けます。この訓読みを利用して、化粧や衣装などが派手すぎる様子を表す「けばけばしい」の「けば」にも当てられるようになったものでした。

けばけばしい

A

Q

次の字は、音読みで何と読むでしょうか。

饗

◎ヒント▼飯盒(はんごう)のあとに付くことばは何でしたっけ?

Q

次の漢字は何と読むでしょうか。

鉽力

◎ヒント▼「武力」とは関係ありません。二字目をリキと読んでみると……。

【答え】

「サン」。キャンプでおなじみの「はんごうすいさん」は「飯盒炊爨」と書きます。この「爨」は二十九画もあります。訓では「かしぐ」と読み、飯を炊くことを意味します。難しすぎるため、「はんごうすいはん」と言うこともあり、その場合には漢字は「飯盒炊飯」です。

サン

A

【答え】

「ブリキ」。鍍金（めっき）が施された鉄板である「ブリキ」への当て字でした。この「鈬」は、明治時代あたりに、オランダ語からの外来語「ブリキ」のために作られた国字でした。一文字でもブリキと読むことがあり、その場合は訓読みとして扱われます。漢和辞典にも載っています。人の名前にも見られます。

ブリキ

A

Q

この字は、訓読みでは二字まとめて何と読まれたでしょう。

地震

◎ヒント▼「ジシン」は音読みです。

Q

「卓袱料理」では「卓袱」は「しっぽく」と読みます。「卓袱台」は、どう読むでしょうか。

卓袱台

◎ヒント▼こちらも変わった読み方ですが、きっとことばは聞いたことがあるはず。

A

【答え】

「ない」。日本は地震国ですので、地震に当たることばが大和言葉にあるのは当然でした。旧仮名遣いでは「なゐ」と書きました。奈良時代から使われていた古語で、各地の方言に残りました。「なえ」と発音することもあります。今でも短歌などでは、この表記を使うことがあります。

ない

A

【答え】

「ちゃぶだい」。「卓袱」は、宋代以降に伝来した唐音（唐宋音）やより新しい南方の漢字音が変化した読み方で「しっぽく」とも「ちゃぶ」とも読み、食卓を覆う布や食卓、あるいはご飯などを指します。長崎で、中華料理と洋食と和食とが混ざって生まれた卓袱料理が有名です。

ちゃぶだい

Q

「地面」を「ぢめん」と書かずに「じめん」と書くのはどうしてでしょうか。

地面

◎ヒント▼「地(ち)」の濁りのある語形が「ぢ」というのはそのとおりなのですが……。

Q

「ドクダンジョウ」は、もとは少し違う語形でした。どのような発音だったでしょうか。

独壇場

◎ヒント▼この三字熟語の中のダンという漢字自体が違っていました。

【答え】

語頭に「ぢ」を書かないように決められているから。内閣告示・訓令である「現代仮名遣い」では、かつては「ぢ」と書かれたものであっても、単語の頭にある場合などでは「じ」で書くことと定められています。「地」はもともと「ぢ」(ディという音)でしたが、それで「じ」となりました。「布地(じ)」もその「地(じ)」に「布」が付いたものとみるわけです。

A

ドクセンジョウ

【答え】

「ドクセンジョウ」。漢字では「独擅場」と二字目を手偏で書いていました。この手偏の字は、音読みはセンで、ほしいままにするという意味です。しかし、土偏の壇(ダン)のほうが「花壇」「仏壇」などで多用され、壇上にいるイメージもあって混同が生じて「独壇場」となり、広まったものです。

A

Q

次の字は、何と読むでしょうか。

婲

◎ヒント▼人の様子を表しています。

Q

次の字は何と読むでしょうか。

閊える

◎ヒント▼日本製の漢字です。門を押し開けようとしても、中に山のようなものがあったら扉はどうなるでしょうか。

A

【答え】

「きゃしゃ」。キャシャという単語には、江戸時代に「華奢」のほか「花車」「華車」といった漢字が当てられ、さらにこの「女偏に花」という国字でも書かれたものです。この国字はまた「だて」（伊達）という訓読みで使われることもありました。中国の漢字では旁（つくり）に「花」はまず使わず、たいてい「華」を使います。

きゃしゃ

A

【答え】

「つかえる」。いかにも日本製漢字である国字らしい会意文字です。「支える」「痞（つか）える」よりも情景が目に浮かびそうです。常用漢字にはなっていません。「閂」は「戸」を左右に書いたものが変形した字です。「閂」はそれに「かんぬき」を掛けた字で「かんぬき」、これらは中国産の漢字です。

つかえる

Q

次の字は、何と読むでしょうか。

背黄青鸚哥

◎ヒント▼訓読み、訓読み、音読みという順番で読んでみると分かるかも。

Q

次の字は、二字まとめて何と読むでしょうか。

瓢虫

◎ヒント▼瓢簞(ひょうたん)よりも小さくかわいい虫の名前です。

A

【答え】

「せきせいいんこ」。背中が黄色、体が青（緑）色である鸚哥（インコ）ということで付けられた名前に、そのままの漢字を用いたものです。当て字のような雰囲気がありますが、語源に沿って、通常の読み方の字を並べた表記なので、当て字ではありません。ただ「せいいんこ」という音読みが続く部分が珍しいです。

せきせいいんこ

A

【答え】

「てんとうむし」。瓢箪のような形をした虫ということでしょう。ほかには、太陽つまりお天道様に喩えたことからか「天道虫」と書く表記があり、江戸時代には江戸のことばとされていました。さらにかわいらしい「紅娘」という名称も中国にあって、それを「てんとうむし」と読ませることも起こりました。

てんとうむし

Q

次の漢字は、何と読むでしょうか。

凸柑

◎ヒント▼一字目の形から考えると……。

Q

この字は、何と読むでしょう。

焜炉

◎ヒント▼外来語と思い込んでいる人もいるようですが。

A

ポンカン

【答え】

「ポンカン」。このポンは、インドの西部にある地名「プーナ」に由来するといわれます。中国南方での訓読みが伝わった可能性があります。ほかに「椪柑」とも書き、これも中国南方の表記だったようです。なお、デコポンは、ポンカンと清見とをかけ合わせたもので、上部が凸起しています。

A

こんろ

【答え】

「こんろ」。カタカナで「ガスコンロ」などと書かれることが増えたこともあって、漢語由来であることも忘れられがちのようです。旁（つくり）の部分を読めば昆虫のコンなので「コン」と読めます。なお、天火（テンピ=オーブン）とコンロを備えたレンジは、range と書く英語からの外来語です。

Q

次の字は、何と読むでしょうか。

毟る

◎ヒント▼毛を少なくする動作ですから……。

Q

「為替」は「かわせ」と読みますが、「替」こそ「かわ」と読めそうなのに二字目にあるのはなぜでしょうか。

為替

◎ヒント▼「外為」を「がいため」と読むのは、ここでは全く関係ありません。

【答え】

「むしる」。「毟」は、「毛」を「少」なくするということで、日本で作られた国字でした。会意のようですが、古くに中国で草冠（くさかんむり）「艹」に「毛」という漢字があって、「艹」と四画で書かれた草冠の形が「少」へと変化したものと考えられます。毛筆で字を書いていた時代には、こうした変化は絶えず起こりました。

むしる

A

【答え】

もともとひっくり返って読ませていたから。「かわせ」は「交わせ」という語からできたと推測されています。次第に人々の語源意識が変わったようで、「為替」と書くようになりました。「為」が「する」で活用して「せ」、「替」が「かわ」で、もとをただせばレ点を打って読ませるように字を並べた熟語だったのです。

交わせ

A

Q

昔、お相撲さんのしこ名に「子」という一文字の人がいましたが、何と読んだでしょうか。

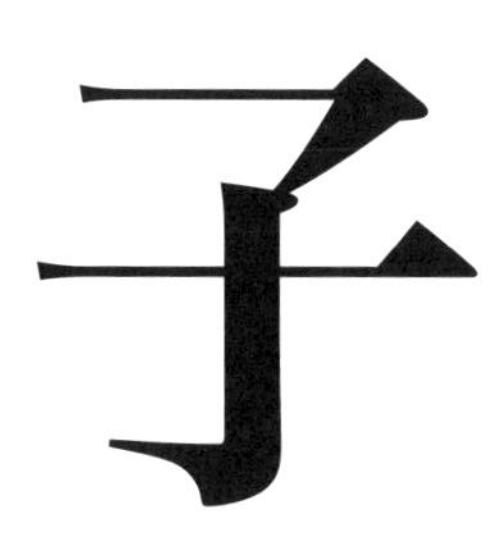

◎ヒント▼十二支の最初ですよね。

Q

次の字も、力士のしこ名に使われたことがありました。この一字を何と読んだでしょうか。

◎ヒント▼一字ですから……。

A

えとがしら

【答え】

「えとがしら」。子音二郎（えとがしらおとじろう）という力士が明治時代にいて、最高位は三段目だったそうです。他にも、ひらがなの「い」だけで「かながしら」と読む力士は二人いました。これは、いろは歌の「いろはにほへと」の初め、つまり仮名のかしらだからです。「京」で「かなどめ」もいました。

A

いちじく

【答え】

「いちじく」。明治時代に活躍した力士に「九九之助（いちじくきゅうのすけ）」という人がいました。「一字九（く）」ということです。「一」で「にのまえ」、「十」で「つなし」（一「つ」、二「つ」の「つ」無し）というように、その字の特徴に注目して読みを与えるなぞなぞ式の方法です。

4

この字の意味は？

人間味あふれた知恵がいっぱい

宅配便で見かける「天地無用」の意味は？➡P115

漢字は表意文字と呼ばれます。実際には、たいてい読み方もあるので、意味と発音とを合わせて語やもっと小さな形態素というものを表すということで表語文字と言われるようになりました。漢字は仮名やローマ字と違って意味と強力に結びついている点で特別です。

初めて見る漢字や熟語であっても、見ているだけで何となく意味が分かる時があります。偏旁（へんぼう）や字の雰囲気から、意味を当てられることさえありますよね。黙読をしている時なんて、字面から直接意味を感じ取って読み進めたりもするものです。一方で、「諦め」のように読みは同じなのに意味が複数あるケース、さらには「上手」など簡単な漢字なのに、意味をいくつも持つケースもあります。とんでもない誤解をしでかす危険もあります。

漢字は人間が生み出したものですから万能ではないのです。むしろ不完全なところに味わいがあふれています。それでも漢字というツールを使って森羅万象を表現しようとしてきた長い歴史があります。その先人たちの知恵の詰まった文字をどこまで知って、またどこまで読み取ることができるでしょうか？　苦闘の結晶を活用しない手はありません。これはというものを見つけたら、自身の表現に取り込んで応用を利かせていきましょう。

この章では、なるべく幅広く、さまざまな使用例を取り上げていくので、楽しみながら漢字から意味を読み取っていってください。

Q

次の字は、「すし」のほかには、何と読むでしょうか。

寿し

◎ヒント▼長寿の寿ですから……。

Q

次の二字は、『万葉集』で何度も使われている万葉仮名です。二字を合わせた読み方と意味は何でしょうか。

孤悲

◎ヒント▼一字ずつ音読みで読ませています。漢字と単語の意味も考えていたようです。

【答え】

「いのちながし」。「命長し」という意味です。漢詩や俳句などで、今でも見られる訓読みです。「寿」は古くからこういう意味を持っているので、「長寿」は長く命が長いとなり重言であるわけですが、「寿」は一般に「ことぶき」と意識されているので、問題はありません。

いのちながし

A

【答え】

「こい、恋うこと」。ひらがなもカタカナもなかった奈良時代に、名詞の「恋」、動詞の「恋ひ」に万葉仮名と呼ばれる方法で漢字を当てた書き方です。一人で悲しんでいる、恋いこがれる気持ちをこれらの漢字に託したものだといわれています。『万葉集』では「古非」よりたくさん使われています。

こい

A

Q

天気予報では、かつて「宵のうち」という表現を使っていましたが、何時ごろを指していたでしょうか。

宵のうち

◎ヒント▼時間を誤解されることが多かったので、使用をやめてしまったそうです。

Q

六月のことを「水無月（みなづき）」と呼びますが、水がない月という由来だったのでしょうか。

水無月

◎ヒント▼「神無月」にも関連することです。

A

【答え】

「午後の六時から九時」。気象庁では、「宵のうち」は「夜遅く」の前の時間帯を指していましたが、人によってはイメージする時間帯がもっと遅いなどとして、二〇〇七年に「夜のはじめ頃」と言い換えました。「宵」は一九八一年に常用漢字となり、情緒あることばなので惜しむ声が今でもあります。

午後六時から九時

A

【答え】

水がある月という意味。水無月の語源には、暑さのため水が涸(か)れるからという説もありましたが、実は「な」は古くは「の」という意味で、田んぼに水を入れる月だからという説のほうが有力です。「神無月」の「な」も同様ですが、出雲では「神有月」と呼ぶようになるほどに当て字の意味が定着しました。

水の月

Q

「甲」という字が武具としてもともと表していた物は、ヨロイでしょうか、カブトでしょうか。

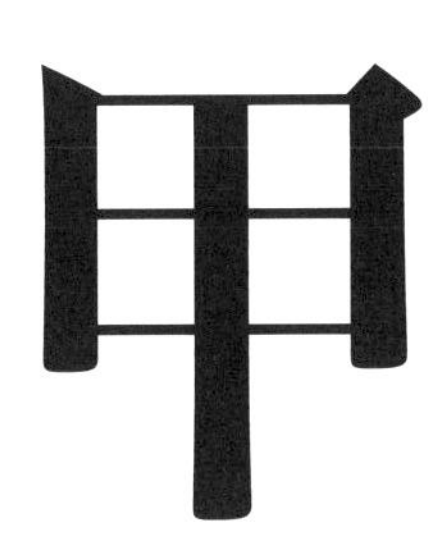

◎ヒント▼「甲虫」、いや「甲虫類」では？

Q

次の字は、何を意味しているでしょうか。

御数

◎ヒント▼辞書にはよくこの二字が掲げられていますが、仮名による表記が一般化しています。毎日三度くらい目にしているものです。

【答え】

「よろい」。「甲冑（かっちゅう）」は、「甲」と「冑」という字がそれぞれヨロイとカブトを指していました。しかし、日本では「甲」がカフという音だったこともあってか入れ替わって使われるようになります。甲虫類も、カブトムシのイメージが強いですが、実はヨロイのような体をもつ仲間という意味です。

よろい

A

【答え】

「おかず、副食物」。「おかず」は、もともとは室町時代に宮中などで女性たちが使っていた女房詞（ことば）でした。数々の品を取り合わせた副食物という意で、その「数々」を一つに短くした「数」が、接頭語の「御」とくっついた語であると考えられています。今では一品でもおかずと言えます。

おかず

A

Q

次の字を「はかな（い）」と読ませるのは、日本人が江戸時代に考え出した国訓です。中国では、どのような意味だったでしょうか。

儚

◎ヒント▼形声文字なので、夢が音読みを表したのですが、夢のもつイメージの一面も考えて選んだかのようです。

Q

漢字圏には、ベトナムも入っていて、かつてはしばしば漢字を使用していました。ベトナム語では、次の四字はどのような話を指したでしょうか。

長江大海

◎ヒント▼ベトナムの「長江大海なお話」は、ほめ言葉ではなく、少し意外なニュアンスがあるかも。

【答え】

おろか

「おろか」。日本では、江戸時代から独自に人偏に夢と書いて「はかない」と読ませて使ってきました。一方、中国にもこの字があり、おろかのほかに、まよう、はじる、という意味で辞書に収められていました。この字に関しては、日本人が新しい意味を情緒的に与えたといいえそうです。

A

【答え】

美辞麗句

「美辞麗句、また、長くてとりとめのない話」。「冗漫な話」というニュアンスがあります。「チャンジャンダイハイ」というように読み、ベトナムではアルファベット表記となって、今でも使われています。四字熟語は中国でたくさん作られましたが、それにならって各国で必要な語を生み出したのです。

A

Q

冠婚葬祭の「カン」は具体的には何を指すでしょうか。

冠

◎ヒント▼四字の順番から見ると……。

Q

「ガマン」は、もとはどういう意味で使われることばだったのでしょうか。

我慢

◎ヒント▼漢字を改めてよく考えてみると……。

【答え】

「成人式（元服）」。昔の中国で、二十歳や十五歳のころの元服で冠（かんむり）をかぶったことから、「冠」は今でいう成人式を指していました。「婚」は文字通り結婚式のことで、「葬」は同じく葬式を指します。「祭」は祖先の霊を祭る儀式のことを指していました。

成人式

A

【答え】

「うぬぼれ」。我（が）をよりどころとして、心が高慢であることを指すために、「我慢」ということばが作られました。もとは仏教用語でしたが、日本で中世に、我意を張る、強情であることを指すように変わり、さらに近世には耐え忍ぶ、辛抱することという意味に転じました。

うぬぼれ

A

Q

「落雁」という二字は、中国では、大変な美人という意味で使われることがありました。どうしてでしょうか。

落雁

◎ヒント▼「沈魚」などとつなげて言うこともあります。

Q

「摩訶不思議」ということばがありますが、この「まか」は、どういう意味を表すでしょうか。

摩訶

◎ヒント▼摩訶は「般若」（知恵の意）の前にも付きます。もとは古代インドのことばでした。

【答え】

雁（ガン、かり）が恥じらって姿を隠すほどの美人ということから。魚は沈む、月は雲間に隠れる、花はしぼむなどと言って、「沈魚落雁閉月羞花」ともつなげます。もともとは、たとえ美人であっても人間なので雁などは区別することなくいつもと変わらずに恐れて逃げだす、という意味でした。和菓子とはたまたま漢字が一致したものです。

A

【答え】

「大きい、偉大な、すぐれた」という意味。インドで「マハー」と発音した単語に、中国で発音の近い漢字二字を当てたものでした。「摩訶不思議」は、大いに（非常に）不思議なこととなります。インドの王様「マハラジャ」は大王、インド独立の父マハトマ・ガンジーの「マハトマ」は偉大な魂という意味です。英語の「メガ」とも同源です。

A

Q

次の語の一字目の「惑」は、水星、金星、土星などのどういう特徴を表そうとして選ばれたのでしょうか。

惑星

◎ヒント▼北極星など星座を構成する星などと違って……。

Q

次の五文字は、何を指すでしょうか。

尋常性痤瘡

◎ヒント▼ジンジョウセイザソウと読みますが、意外と身近なものです。

A

【答え】

「運行（動き）が不規則に見える」特徴から。太陽系の「惑星」は、その軌道などが理解されていなかった昔、動きが不規則に見えたために、見る人を惑わすもののように、あるいは星がどこに行こうか戸惑っているように感じられて、オランダ語をもとに日本で江戸時代に付けられた名称でした。「遊星」という訳も行われました。

運行が不規則

A

【答え】

「にきび」。「面皰（めんぽう）」と同じ意味でした。医学用語には、このように難しい漢字を使ったものが見受けられます。「痤」は「挫」とも書き、これは「おでき」や「にきび」の類を指し、「瘡」の字は傷口のほかに「できもの・かさ」を指しました。

にきび

Q

一般の辞書にはまだなく、多くの若者が使っている言葉に「絶許」という単語があります。どういう意味でしょうか。

絶許

◎ヒント▼何か漢字が足りない気もするのですが……。

Q

「座薬」というものがありますが、どのように使う薬でしょうか。

座薬

◎ヒント▼誤解している人がいるそうです。

【答え】

絶対に許さない、という意味。「ぜつゆる」「ぜっきょ」と読む新語です。「許さない」という意味なのに、「不」などの否定の語が含まれていないために不足感もありますが、多くの若者は「絶」という一字の中にすでに否定のイメージがあると言って気にしておらず、便利な語として使用しています。

ぜつゆる

A

【答え】

肛門などに挿し込んで、その中で溶かす薬。かつては、「坐薬」と書きました。「座」に座るイメージを持つ人がいるため、処方されたり買ってきたりした座薬を、座って飲み込んでしまう人がいるそうです。健康のために医学用語は面倒でも辞書などでよく確かめて、正確な意味を理解しておくことが重要です。

坐薬

A

Q

「允」という字は、どういう意味を持っているでしょうか。

允

◎ヒント▼武術の証書などに見られますね。

Q

ある数を表す「卅」という字があります。通常何と読むでしょうか。

卅

◎ヒント▼知らなくても、形を分析すると……。

A

【答え】

「ゆるす」。「允」は承諾するという意味です。「允許」ともいい、許可とほぼ同じ意味です。「允」は人名用漢字といって子供の名付けに使える字です。名前では、「すけ、ただ、のぶ、まさ、みつ、よし」など、さまざまな読み方が見られます（『JIS漢字字典』に実例がたくさん載っています）。

ゆるす

A

【答え】

「さんじゅう（音読みはソウ）」。「十」を三つ横に並べて左端を左下にはらい（払わなくても可）、横線を一本につなげた形で、そのまま足し算をして三十を表します。中国で古くからある字で、三十の音読みを縮めてソウ。同様に四十、五十を意味する字もあります。二十には下に線が入った「廿」が定着しました。

さんじゅう

Q

「乂」という漢字があるのですが、どういう行為を表す字でしょうか。

◎ヒント▼バツではありません。「刀」を加えてみると……。

Q

次の字は、二字でまとめて「トナカイ」と読みますが、このトナカイは、元は何語だったでしょうか。

馴鹿

◎ヒント▼中国語でも英語でもありません。また、音読みをしたジュンロクは漢語です。

【答え】

「かる」。音読みはガイ、草をかることを表します。この「乂」に立刀（りっとう）を付けると「刈」となり、それにさらに草冠を付けたのが「苅」です。どれも中国で生み出された字です。「おさめる、おさまる」という意味にもなり、安らかな状態、才能と徳のある人なども指します。この字で「おさむ」さんもいます。

かる

A

【答え】

「アイヌ語」。おとなしい性質をもち、人に馴（な）れる鹿という意味で用いられた「馴鹿」という二字を、日本ではアイヌ語「トゥナカイ」に基づいて「トナカイ」と熟字訓として読ませたものでした。アイヌの人々は文字を持っていませんでしたが、地名や日本語に入った単語などにはよく漢字が当てられました。

アイヌ語

A

Q

動物のイヌには、犬と狗という書き方がありますが、もともとどちらの字の方が大きいイヌを表したでしょうか。

犬と狗

◎ヒント▼「狗」の旁（つくり）の「句」は、馬偏が付くこともありますね。

Q

次の漢字は、どのような意味を持っているでしょうか。

門人

◎ヒント▼門の陰に人がいるようですね……。

A

【答え】

「犬」。「犬」は、その姿を象(かたど)った象形文字でした。「犬」は、その犬が変形して「獣偏(けものへん)」となり、その右側に小さいという意味を暗示する音読みをもつ「句」が付けられた字で、小さいイヌを指しました。「馬」と「駒(こま)」（小さい馬）も、同様の関係にあります（P17「猫」参照）。

犬

A

【答え】

「身を隠して門から急に飛び出して人を驚かせる声」。宋代に現れた字です。音読みはコク、ワクで、門の陰から急に飛び出して、人を驚かせる「ワッ」という声を表しました。日本に伝わって江戸時代になると戯作などで、そうやって飛び出して人を驚かせる時に発する声の「ももんが」などを訓としてあてがうことが起こりました。

Q

国名の漢字による略記で、米はアメリカ、独はドイツ、仏はフランスですが、「尼」はどこを指すでしょうか。

尼

◎ヒント▼「印」はインドですから……。

Q

次の字は、どこの国を指すでしょうか。

◎ヒント▼「ほこり」は訓読み、音読みは「アイ」でしたね。

A

インドネシア

【答え】

「インドネシア」。新聞では「尼」をインドネシアの略記として使いませんが、外務省や経済産業省などは「日尼外相会談」「日尼協定」のように使うことがあります。インドネシアを「印度尼西亜」と音訳し、その「尼（ニ）」を選び出したものです。「亜米利加」からの「米」と同様、音訳の名残です。

A

【答え】

「エジプト」。中国で清代に、アフリカにあるエジプトを「埃及」と音訳しました。「埃及多」とも書かれ、砂埃（すなぼこり）が及ぶ（ことが多い）という意味を込めたものと見られます。アイジー（トゥオ）と読み、また広東語では「及」をキプのように発音するため、何といっても発音が近かったのです。

Q

次の字は、古くは体のある部分のことを意味していました。どの部分でしょうか。

脅

◎ヒント▼この月は肉月ですね。偏や旁の配置を動かしてみると……。

Q

次の二字は、どのような虫を指すでしょうか。

孑孒

◎ヒント▼字面にその虫の雰囲気が感じられます。

わき

【答え】

「わき」。胸の両わきやわきばらの辺りを指す字でした。部首とそれ以外の部分の配置を動かすと「脇」という形になりますね。今では、「わき」の意には「脇」（わきの下は腋とも）、「おびやかす、おどす、おどかす」には「脅」と、二つの字体を別々の字として使い分けるようになっています。

A

ぼうふら

【答え】

「ぼうふら」。蚊の幼虫で、水中で体を曲げ伸ばしして泳ぐ様子をとらえて字に仕立てたものです。音読みすれば、「ケツキョウ」「ケッキョウ」でした。この二字だからこそ動きが感じられましたが、余り使わない字なので「孑孒」などと書くこともあります。「伊(い)孑(そ)志(し)」という兵庫の地にも使われています。

A

Q

次の二字は、野球の守備位置に対する訳語です。どこでしょうか。

短遮

◎ヒント▼直訳型です。

Q

次の四字は、段ボールなどに書かれているのを見かけますが、どういう意味でしょうか。

天地無用

◎ヒント▼「天地」は、現在、上下という意味ですが、「無用」と合わせると？

【答え】

「ショート」。明治時代の始めに、正岡子規が英語のショートストップ（ショート）をそのままの意味で訳して作ったことばでした。後に「遊撃手」が一般化しました。野球用語には、時代を反映してか戦争用語が多く採り入れられ、それもあって「第二戦」「塁」「刺殺」「死球」などが定着しました。

ショート

A

【答え】

「物を逆さにしない」。上と下とをひっくり返すという意味で、江戸時代からあった「天地する」という動詞が、「問答無用」のように禁止の意味を表す「無用」とつなげられてできた語です。上下についての意識など無用というふうに意味が誤解されやすいので、引っ越しなどでは要注意です。

天地無用

A

5

外国のこの漢字って?

中国語・韓国語・ベトナム語の漢字

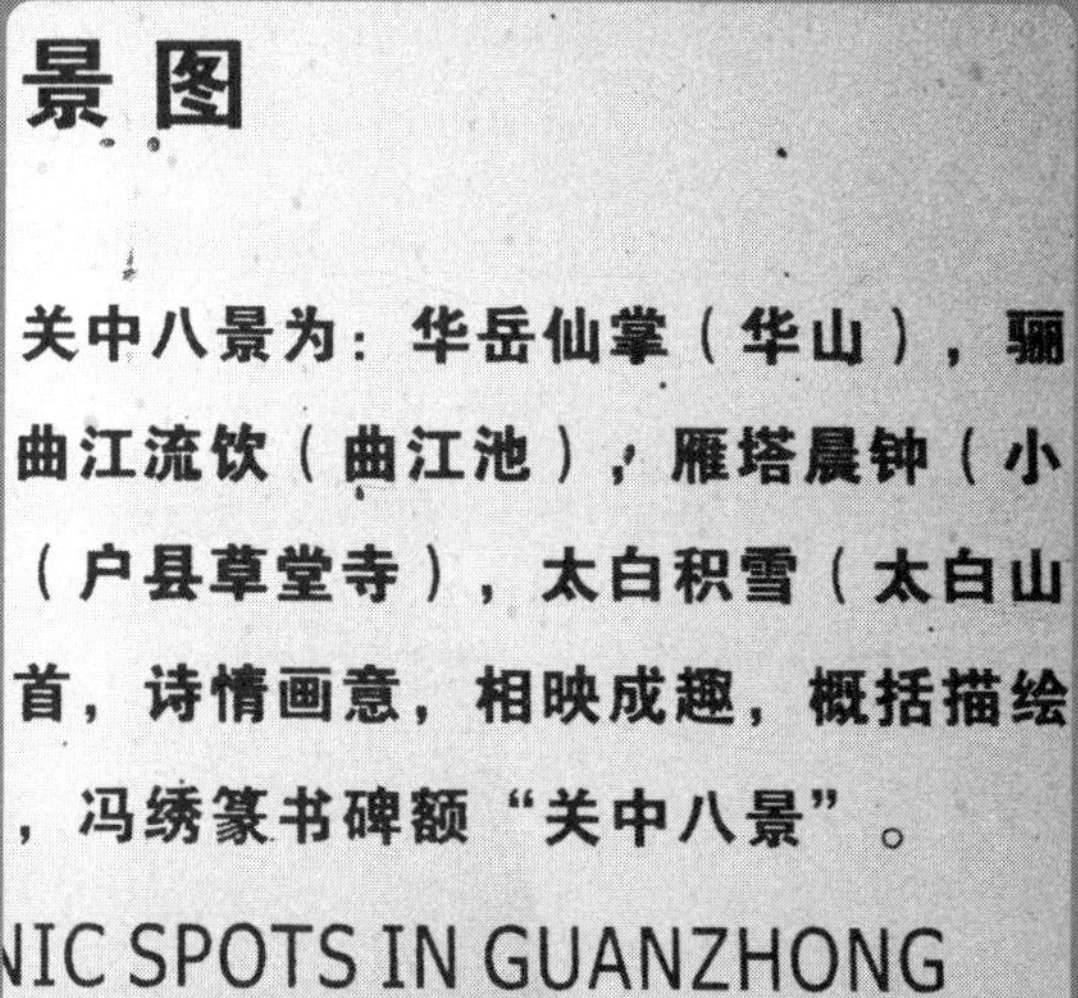

中国の公園案内板に「华」の文字が（撮影・白石徹）➡ P131

漢字は三千年以上前に中国で生み出されました。それ以降、用のなくなった字は消える一方、必要に迫られたときに新たな字が作られてきました。それを別の誰かが受け継ぐことで一人前の字になっていくわけです。中国や日本の人たちのほかにも、漢字を使う人はあちこちにいます。韓国やベトナムの人々がその代表です。皆話す言語は違いますが、漢字を共有していたのです。そうした多様な漢字が教えてくれる発想の違い、表現法の差など、歴史や社会や文化などが織りなす世界は、新鮮な驚きと気づきを与えてくれます。国際社会の中で、ことばの違い、そして時空を超えて生み出されてきた多様な漢字の展開は、私たちの物事の見方や価値観までも広げてくれるに違いありません。

日本語の空間から一歩踏み出すことによって、思いがけない大胆な発想、思いも寄らぬ角度からのアイデアなどふんだんに見つかるので、忘れかけていた感性や表現、意外な着想など、なんでも見つけだしましょう。そして日本語を振り返れば、日本の漢字の繊細さ、微妙さに改めて気づくに違いありません。筆談がどこまでできるかも考えてみましょう。

漢字はミラーボールのような多面性を持っています。視点によっては、意外な側面が輝き、漢字の未来への可能性さえも感じられるかもしれません。古くて新しい世界に、一緒に分け入っていきましょう。

Q

中国古代の文字です。何という字でしょうか?

◎ヒント▼細部を一画一画よく分析してみると……。

Q

中国で見かけた次の四字は、何を指しているでしょうか。

酷MA萌

◎ヒント▼日本で人気がある、地方の「ゆるキャラ」の一つです。

【答え】

「竜（龍）」。中国で宋代に金石学が盛んとなるなかで、金文を写したとされる資料に登場します。角、髭（ひげ）、鱗（うろこ）などが描かれています。この資料が周代のものか贋物かはっきりしないのですが、この字は転記され続けて形が変わって、二百種以上の変形が生まれました。

A

【答え】

「くまモン」。「酷」は中国ではクーと発音し、英語のcool（かっこいい）の音訳として使われます。「萌」は日本の若者が何かに好意を感じた時に発する語「萌（も）え」が中国に漢字ごと伝わったもので、モンのように発音します。今では、正式な中国訳は「熊本熊」と決められています。

A

くまモン

Q

この二字は、何と読むでしょう。

乒乓

◎ヒント▼あるスポーツの名称です。中国では普通に使われています。

Q

次の字は、中国では何を指すでしょうか。

米老鼠

◎ヒント▼米を食う老いた鼠（ネズミ）ではなく、日本でも人気のキャラクターの名前です。

A

【答え】

「ピンポン」。卓球の意で、テーブルテニスに対する英語の俗語から中国語や日本語に入ってきました。なお、中国ではそれ以前から、『西遊記』などの通俗小説で、ピンパンというような物音を書き表すために、「兵」という字の下の一画を抜き取って作ったこの二字が使われていました。

ピンポン

A

【答え】

「ミッキーマウス」。この「米」は、コメという意味は消えていて、ミッキーの「ミ」という発音に対する当て字です。「老鼠」は単にネズミという意味の語で、この熟語では老いたという意味は中国では消え失せています。これらを合わせて、ミッキーマウスというキャラクターを表します。

ミッキーマウス

Q

この二字は、どんな虫を意味するでしょう。

曱甴

◎ヒント▼香港では普通に使われている一種の象形文字です。動いているように見えませんか？

Q

中国で見かけた物の名前です。何でしょうか。

撒尿肉丸

◎ヒント▼意外かもしれません……。

【答え】

ゴキブリ

「ゴキブリ」。「カッチャッ（kat chat）」のように発音します。辞書に載っていないことが多いのですが、広東語では頻用されています。清代には一字目と二字目とが逆に書かれていたのですが、いつしかひっくり返って、ゴキブリ専用の字と熟語としてすっかり定着しました。

A

【答え】

肉団子スープ

「肉団子スープ（料理の名）」。スープに入れた肉団子をほおばって噛（か）むと、小籠包のように中からスープが勢いよく飛び出すことから命名されたといわれている料理で、香港を中心に好まれています。ここでの「尿」は、ただの比喩にすぎません。中国でも、このネーミングが気になってしまうという人もいます。

A

Q

映画にもなった懐かしいアメリカの小説のタイトルに、中国語版で「飄」という一字のものがあります。日本語版では何というタイトルだったでしょうか。

飄

◎ヒント▼やはり「風」は入っていましたが、もう少し長くて……。

Q

この字は、どんな意味でしょう。

冇

◎ヒント▼「ある」という字の中身がないのですから……。

【答え】

風と共に去りぬ

「風と共に去りぬ」。マーガレット・ミッチェルの長編時代小説で、日本では戦前から「風と共に去りぬ」と訳されていました。一方、中国ではたった一文字で「飄」（ピアオ　漂う、翻る）と訳されています。なお映画のほうのタイトルは、「乱世佳人」と四文字にされました。

A

【答え】

ない

「ない」という意味。中国語の方言、広東語（カントン）でモウと発音します。この広東語は広東省や香港などで使われる勢力の大きな方言で、清代からこの字が使われています。香港では新聞でもこの字が普通に印刷されています。「問題ない」ことを「モウマンタイ」と言いますが、この「モウ」こそ実はこの漢字で書くのです。

A

Q

韓国語の「毒感（トッカム）」は、日本語では何の病気を指すでしょうか。

毒感

◎ヒント▼ふだんはハングルで表記しますが、この漢字ならばなるほどと思えるかも。

Q

次の字は、どのような意味を持つでしょうか。

姸

◎ヒント▼「妍」とも書き、旁（つくり）は鳥居ではありません。中国、韓国で、女性の名前によく使われています。

【答え】

「インフルエンザ」。風邪のことを韓国では「感気(カムギ)」と言います。日本や中国の「感冒」に当たります。その一字目に「毒(トク)」を加えてできた語がこの「毒(トッ)感(カム)」と考えられます。英語の「インフルエンザ」のように呼ぶこともありま す。日中では「流行性感冒」略して「流感」です。

インフルエンザ

A

【答え】

「うつくしい、うるわしい、あでやか」。「姸」という字には、ほかに、「巧み」という意味もありました。音読みはケン、中国語ではイエン、韓国語での音読みはヨンで、とくに韓国ではスターの若い女性の名前に多用されています。日本でも「姸を競う」という慣用句でよく使ってきましたが、忘れられつつあります。

うつくしい

A

Q

次の二字は、ある菓子の中国での名前ですが、日本では何というでしょうか。

曲奇

◎ヒント▼曲がっているとは限りません。音読みすると近いかも。

Q

次の二字は、ベトナムの地名の漢字表記なのですが、何と読むでしょうか。

河内

◎ヒント▼「かわち」ではなく、音読みにすると発音が近いかも。

【答え】

「クッキー」。中国語のとくに広東語など南方での発音が英語のクッキーに近いために当てられた漢字のようです。北京語では「チューチー」ですが、広東語では「クッケイ」のようになります。中国の人たちに聞くと、この漢字を見ても曲がった奇妙な食べ物という印象はないそうです。

クッキー

A

【答え】

「ハノイ」。首都の名称です。川の水が赤い紅（ホン）河の内側にあるので、昔は漢字で「河内」と書いて、ハノイ（ハーノイ）と読みました。現在ではクオクグー（国語）と呼ばれるローマ字で書いていいます。今でも中国語では、この表記を用いて中国語でホーネイと発音しています。

ハノイ

A

Q

この字は、何という字の省略形でしょう。

◎ヒント▼中国語を学習すると、たいてい最初の時期に出てきます。

Q

この字は、何という漢字の省略形でしょう。

华

◎ヒント▼中国ではとても重要な漢字の一つです。

【答え】

「漢」。中国では、旁（つくり）の部分の草書体をさらに記号のように「又」と大胆に省略したこの形を一九五〇年代に民間の俗字から簡体字として公式に採用しています。日本では略字を作るときに「厶」の形が好まれましたが、中国では交差があり、端の多い字形の方が好まれます。

A

【答え】

「華」。中国を意味する「中華」の「華」で、中国ではこれが民間で使われ、一九五〇年代に公式に簡体字として採用されています。「華」の異体字だった「花」のもつ「化」という字で「カ」（中国語でホア）という発音を示すものです。同様に「畢（ヒツ）」は「毕」となっています。

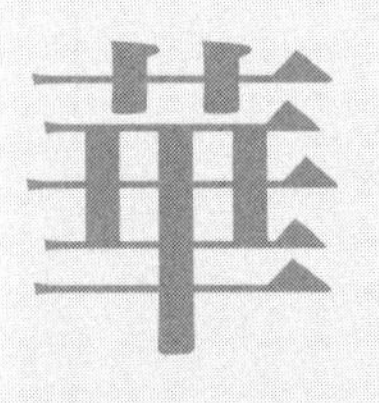

A

Q

韓国で一番多い名字は何でしょう。

姓

◎ヒント▼漢字一文字です。

Q

次の三字は、台湾辺りでは、どのような食べ物を指すでしょうか。

烏龍麺

◎ヒント▼ウーロン茶ではありません。「麺」は現地では「麵」と書きます。

A

【答え】

「金」。「キム」のように読みます。韓国政府の統計によれば、キムさんは国内の人口の22％ほどを占めています。二位が「李（イー）」さん、三位が「朴（パク）」さんで、これだけで人口の半分近くを占めます。新羅の王様が中国風の名字や地名を採用した名残です。中国は「王（ワン）」さん、ベトナムは「阮（グエン）」さん、日本は「佐藤」さんが一位です。

A

【答え】

「うどん」。「饂飩」という漢字表記がありますが、これは日本式のものです。「温飩」ということばが変化して「うどん」ができたとも言われています。それを発音で訳した中国語が「烏龍麺」です。ウーロンミエンですが、「烏冬（ウートン）」とも書かれ、中国語で漢字より発音のほうが優先された例です。

うどん

Q

中国の南方には、方言を話す人がたくさんいます。その方言を漢字で書くこともあるのですが、香港などで使う次の字はどういう意味でしょうか。

①いじめる　②怒る　③楽しむ

嬲

◎ヒント▼このシチュエーションですから……。

Q

漢代の漢字辞書に載っているこの字は、今の字に直すと何でしょうか？

◎ヒント▼こんなにいっぱい書かなくても良かったのでは、と思います……。

A

【答え】

②怒る。広東語でナオのように読んで怒るという意味です。「嬲爆爆（ポクポク）」だと激しく怒っています。もとは六朝時代に作られた「なぶる」という字でしたが、北京語などでは使わなくなり、広東語ではこの字を男女男という構成からか怒る意に変えました。

怒る

A

【答え】

「雨」。『説文解字』という西暦一〇〇年頃に作られた辞書に、「古文」として載せられたものです。字面がこうでも、大雨とか霧雨という意味ではありません。このように書く地域もあったようなのですが、秦の始皇帝の時代に、「雨」のような形に統一されました。

雨

Q

山道の頂点を表す「とうげ」には、漢字圏の各国で字が作られました。「峠」「岾」「岹」は、それぞれどこで作られたでしょうか。

峠岾岹

◎ヒント▼それぞれ韓国（朝鮮）、ベトナム、日本のどれかが答えになります。

Q

次の漢字は、ベトナム語の挨拶で用いられたものですが、どういう意味でしょうか。

暫別

◎ヒント▼訓読みしてみると大体分かるかも……。

【答え】

日本、韓国（朝鮮）、ベトナム。韓国とベトナムは、右側の旁（つくり）がチョム、デオという固有語の発音を表します。それに対し日本は旁が意味だけを表しています。ここには、中国の人が作った「山」に音を表す「領」を付けた「嶺」（レイ、みね）のような形声文字よりも、会意文字を好む日本人の傾向が見て取れます。

日本、韓国、ベトナム

A

【答え】

「さようなら」。訓読みすると、暫（しばら）く別れ、あるいは暫（しば）しの別れとなりますね。タム・ビエットと読み、お別れの挨拶です。今ではローマ字で書かれていますが、また会いましょう、中国語で再（ザイ）見（チエン）と同様の意味です。ヘンガプライという固有語も使われています。

さようなら

A

あとがき

百二十問を解いてきた今、漢字に対する印象はいかがですか？　意外な話が多かったのではないでしょうか。三千年以上も昔の中国、千五百年も前の日本、そして現在の各地の若者まで、漢字を使ってきた人たちの創意工夫、そしてそれを生み出す意気込みや息遣い、温もりまで感じていただけたのではないでしょうか。

書いた字のトメハネを虫眼鏡でチェックするようなガチガチの漢字教育と漢字の成り立ちの怖そうな噂、漢字にまつわるもっともらしい迷信から解き放たれて、おおらかに漢字と接し、自由に漢字を使って表現していこうと感じませんでしたか？　日本の漢字はそもそも自由度が高かったのですが、万事窮屈になってきた現代においても基本的に変わっていないはずです。

漢字はあまりにも多様すぎるため、法則を見つけて制約を設けたくなります。新聞も放送も辞書もその努力を続けており、私もそうした委員会などで微力を尽くしています。たとえば漢語は漢字、和語はひらがな、外来語はカタカナという傾向が見付かるのですが、例外も次々と出てきます。文法の面からは動詞や名詞は漢字、助詞と助動詞はひらがなという品詞による傾向も見出せますが、判断が揺らぐものも次々と見つかります。

日本語は表記のルールを作っても、個々の単語や意味によって例外が出てくる、使う相手や場面によっても変動する、そういう柔軟さを宿命的にもっているのです。表記は一番工夫ができるため新作も生み出され続けています。この本のタイトルは『漢字は生きている』となりましたが、擬人法を使ったまでです。命をもった私たちが生き生きと使えば、漢字もより表現力を発揮してくれるはずです。ここで知った多様な漢字の世界を思い出しながら、文字に関わる生活を楽しんでください。

担当する東京新聞・中日新聞サンデー版の漢字クイズは、二〇〇九年の七月五日が第一回だったので、もう十年以上続けてきたことになります。私は、一問一答だけではよくあるクイズのようになってしまうので初めはあまり気が進まなかったのですが、担当の方から、自身が専門としている内容から「スペシャル」という問題も毎回一題作って加えるように依頼され、それならば、と引き受けたのです。

普段使われている漢字に関する十問は、引き受けたからには大なり小なり実際に読み書きする際に役立ちそうなものをと考えて作題しています。「スペシャル」の方は、あまり知られていない話をとのことでしたので、日本語と漢字についての専門を活かして、ふだん調査研究していて気づいた事実や、先人が解き明かしてくれた意外な真実などを紹介しつつ取り上げることに努めています。

そうして週一回のペースで続けてきた連載は、気づけば五百回を超えていました。連載を続けられて、そこから特に面白そうな話をピックアップし、解説を補充して、こうして本になったのは、サンデー版編集部の緒方博郁さんをはじめとした東京新聞・中日新聞のスタッフの方々、読者の皆さんのお蔭です。企画から編集まで、たいへんお世話になりました。

この本は豊かな漢字の世界を色々な窓や扉から覗(のぞ)くものとなりました。これを入り口として漢字を楽しく読み書きし、時にはその理由や由来を考えたり調べたりしてみる方が増えてくれれば幸いです。

二〇二〇年十月　笹原宏之

◉主な参考文献

落合淳思『漢字の構造』中公選書　二〇二〇
沖森卓也ほか『図解日本の文字』三省堂　二〇一一
加納喜光『植物の漢字語源辞典』東京堂出版　二〇〇八
加納喜光『動物の漢字語源辞典』東京堂出版　二〇〇七
笹原宏之『国字の位相と展開』三省堂　二〇〇七
笹原宏之『日本の漢字』岩波書店　二〇〇六
笹原宏之『方言漢字』ＫＡＤＯＫＡＷＡ　二〇一三
笹原宏之『当て字・当て読み　漢字表現辞典』三省堂　二〇一〇
笹原宏之『漢字の歴史』筑摩書房　二〇一四
『日本国語大辞典』第二版、『大漢和辞典』修訂第二版、
『全訳漢辞海』第四版、『漢語大詞典』、『漢語大字典』第二版などの辞典

笹原宏之（ささはら・ひろゆき）
1965年、東京生まれ。早稲田大学文学研究科博士後期課程単位取得。博士（文学）。文化女子大学専任講師、国立国語研究所主任研究官などを経て現在、早稲田大学大学院教授。ティーチングアワード受賞。日本漢字学会評議員。文化審議会の常用漢字、法務省の人名用漢字・戸籍統一文字、経済産業省のＪＩＳ漢字などの策定・改正に携わる。『日本語の研究』『新明解国語辞典』『現代の国語』『日本語学』の編集委員、ＮＨＫ放送用語委員なども務める。著書に『日本の漢字』（岩波新書）、『訓読みのはなし』（角川ソフィア文庫）、『方言漢字』（同）等があり、『国字の位相と展開』（三省堂）により第35回金田一京助博士記念賞、第11回白川静記念東洋文字文化賞を受賞。

漢字は生きている クイズ120問

2020年11月28日　第1刷発行
2021年5月31日　第3刷発行

著　者　笹原宏之
発行者　岩岡千景
発行所　東京新聞
〒一〇〇-八五〇五　東京都千代田区内幸町
二-一-四中日新聞東京本社
電話［編集］〇三-六九一〇-二五二一
［営業］〇三-六九一〇-二五二七
ＦＡＸ　〇三-三五九五-四八三一
装丁・組版　常松靖史［ＴＵＮＥ］
印刷・製本　株式会社シナノパブリッシングプレス

ISBN978-4-8083-1052-3 C0095